Das bin ich.

Ich bin ……. Jahre alt
und gehe jetzt zur Schule.

Wie sieht deine Familie aus? Hast du vielleicht einen großen Bruder oder eine kleine Schwester? Habt ihr auch ein Haustier? Klebe ein Foto ein oder male die ganze Familie.

Das ist meine Familie.

Unser Haustier heißt

....

Kannst du schon deinen Namen schreiben?
Male die Buchstaben schön bunt,
das sieht fröhlich aus!

Ich heiße

....

Jeden Tag gehst du denselben Weg zur Schule. Wenn du die Straße überqueren willst, musst du warten, bis das grüne Männchen auf der Ampel leuchtet. Dann kannst du losgehen.

Das ist mein Schulweg.
Ich muss ……. Straßen überqueren.

Gefällt dir deine Schule? Gibt es im Schulhof einen großen Baum oder Bänke zum Sitzen? Du kannst ein Foto einkleben oder deine Schule malen.

Das ist meine Schule.

Frau Mörtel

Herr Moser + Poldi

Ich
Frau Weber

Am ersten Schultag lernst du deine Lehrerin oder deinen Lehrer kennen. Male ein Bild von deiner Lehrerin oder deinem Lehrer. Du kannst auch ein Foto einkleben.

Das bin ich mit meiner Lehrerin oder meinem Lehrer, Herr oder Frau ....

In deinem Klassenzimmer hängt
eine große grüne Tafel an der Wand.

Was gibt es sonst noch im Klassenzimmer?

Die Schulanfänger werden von den älteren Kindern begrüßt. Sie singen ein Lied oder spielen ein kleines Theaterstück vor.

Male, was dir besonders gut gefallen hat.

Am ersten Schultag gibt es eine große Schultüte!
Sicher sind viele kleine Überraschungen drin.

Klebe ein Foto von dir und deiner Schultüte ein.

Was ist in deiner Schultüte alles drin?
Bunte Malstifte und Süßigkeiten?
Male alle deine Geschenke!

Das sind die Geschenke
aus meiner Schultüte.

Was gehört alles in deinen Schulranzen?
Bücher, Hefte und dein Federmäppchen?
Und auch der kleine Kuschelhase
aus der Schultüte? Male, was alles
in deinem Schulranzen steckt.

In meinem Schulranzen ist Platz für ...

Bestimmt kennst du schon das Kind, das neben dir sitzt. Wie heißen die anderen Kinder, die in deiner Nähe sitzen? Vielleicht möchten sie ihre Namen in dein Album eintragen oder ein kleines Bild von sich malen.

Neben mir sitzt

....

Und das sind die Kinder von den anderen Tischen.

Hast du schon neue Freunde in deiner Klasse?
Auf dem Pausenhof kann man prima zusammen
spielen. Mit Wasserfarbe könnt ihr eure
Fingerabdrücke in das Album stempeln.

Das sind die Fingerabdrücke von meinen Freunden.

Bestimmt hat euch eure Lehrerin oder euer Lehrer durch die Schule geführt und euch die Klassenzimmer und die Turnhalle gezeigt. Was hat dir dabei am besten gefallen?

Das alles hat uns unsere Lehrerin oder unser Lehrer gezeigt.

In der Schule wirst du viel Spaß haben beim Lesen und Schreiben, Rechnen, Basteln, Singen und Turnen. All diese Fächer stehen auf deinem Stundenplan. Was gefällt dir am besten?

Am liebsten mag ich

....

1, 2, 3, 4, 5, 6, 7 … Zahlen schreiben ist lustig! Mit Schwung geht's an die 8 und 9, und schon kommt die 10! Kennst du die Zahlen von 1 bis 10?

Diese Zahlen kenne ich schon:

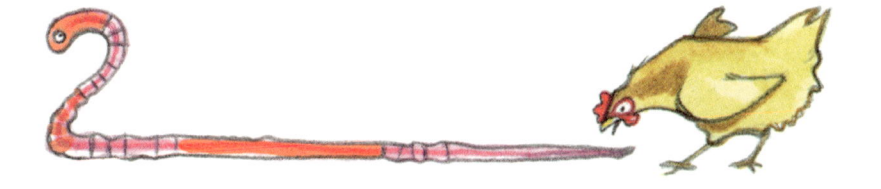

A, B, C, D, E, F, G ... Bald lernst du alle Buchstaben des Alphabets kennen. Welche Buchstaben kannst du schon schreiben?

Diese Buchstaben
kenne ich schon:

Wenn es zur großen Pause klingelt, ist es Zeit fürs Pausenbrot. Danach spielen die Kinder auf dem Schulhof Fangen oder Verstecken. Wie sieht dein Pausenbrot aus?

Male dein Pausenbrot so, wie es dir am besten schmeckt!

Hoppla! So viele Buchstaben und Zahlen hüpfen durchs Klassenzimmer! Hast du eine Lieblingszahl? Oder einen Lieblingsbuchstaben?
Male sie in deiner Lieblingsfarbe!

Hier seht ihr meinen Lieblingsbuchstaben und meine Lieblingszahl.

Aus Buchstaben entstehen Wörter. Man muss sie nur richtig aneinanderreihen. Wörter bilden, das macht Spaß! Kannst du schon Wörter schreiben?

Diese Wörter kann ich schon schreiben:

In der Schule lernen die Kinder viele lustige Lieder. Welches Lied singst du besonders gern? Wenn du Lust hast, dann male, was in deinem Lieblingslied passiert.

Am liebsten singe ich dieses Lied:

Wenn du Geburtstag hast, singt deine Klasse sicher ein Geburtstagslied für dich. Wer dir gratulieren will, der kann ein kleines Bild in dein Album malen.

An meinem Geburtstag haben mir alle Kinder gratuliert.

Habt ihr mit eurer Klasse einen Schulausflug gemacht? Vielleicht wart ihr im Zoo.
Du kannst malen, was du erlebt hast.

Das war unser Schulausflug.

Wie viele Kinder gehen mit dir in die Klasse?
Wenn du ein Klassenfoto hast, klebe es ein.

Das sind alle Kinder aus meiner Klasse.

© KERLE

in der Verlag Herder GmbH, Freiburg im Breisgau 2011

Alle Reche vorbehalten

www.kerle.de

Verlag Herder GmbH, D-79080 Freiburg

Illustrationen im Innenteil: Eva Czerwenka

Coverillustrationen: Harald Juch

Produktion: Arnold & Domnick, Leipzig

Umschlaggestaltung: Behrend & Buchholz, Hamburg

Printed in China

ISBN 978-3-451-71028-5